Pour : Peggy

De la part de : Nicole

Date : 25 Juni 2000

Un doigt. Je suis passé à un doigt d'une autre vie. L'index gauche. Un chauffard avait démoli mon corps et mon esprit finirait dans le même état. Pas armé, pas préparé. Pas capable de vivre tel un légume. Mes parents ont alors eu l'idée du clavier : j'étais incapable d'écrire à la main mais je pouvais taper sur un doigt. Écrire m'aiderait à mettre de l'ordre dans cette tête qui se liquéfiait dans les trous de sa mémoire. Le contraire arriva. Retrouvant sur le papier une agilité dont j'étais privé dans la vie, je me suis évadé sur des centaines de pages. Et soudain, déclic : les idées noires qui m'envahissaient hier au moindre relâchement étaient plus rares. Comme si je lavais ma tête en noircissant le papier. A commencé alors une autre furie : chercher, creuser, guetter, en moi, chez les autres, dans les livres, partout, le meilleur du meilleur pour remeubler ma tête, redécorer ma vie. Des centaines et des centaines d'heures de travail, d'idées ruminées en regardant le même plafond puis la même fenêtre pendant une éternité. Chaque trouvaille était inlassablement poncée, polie puis reconcassée dans un cycle infernal, jusqu'à devenir parfaite. Problème : il fallait un temps infini pour taper chaque phrase, chaque mot, chaque lettre ; épuisant, décourageant. J'ai donc appris à réduire le nombre de phrases, de mots, de lettres, etc. C'est vite devenu un jeu : faire de plus en plus court ! Et même une façon de penser : les idées se déposaient dans ma tête comme une succession de mots courts, simples, des mots de tous les jours, faciles à lire, comprendre, assimiler et qui finissaient par faire corps avec moi. La surprise, merveilleuse, n'a pas tardé. Des messages de réconfort, de paix, d'amour et d'espoir ont commencé à jaillir, se multiplier.se changer la vie, lui donner un sens, la voir en couleurs : des idées-bonheur. Certaines vous sembleront évidentes ou tinter comme quelque chose que vous avez déjà perçu ou entendu. Ce n'est pas un hasard. La source est la même : celle qui coule au fond de nous tous. Formidable, généreuse. Sans doute la même qui a jadis soulevé les montagnes et que nous verrions partout si nous savions regarder. Laissez-vous emporter par elle. Vous montrer que la porte du bonheur s'ouvre de l'intérieur et qu'il est inutile de chercher une clé compliquée ou de pousser comme un fou, pour l'ouvrir. Au contraire. Un doigt suffit pour l'ouvrir...

Dominique

Du même auteur :

« Le Bonheur, un jeu d'Enfant » Flammarion

« Petits Bonheurs Amoureux » Flammarion

« Le Bonheur, c'est les Autres » Flammarion

« Petits Chemins du Bonheur » Flammarion

« C'est Beau La Vie » Flammarion

« C'est Doux La Vie » Flammarion

« C'est Simple La Vie » Flammarion

« C'est Tendre La Vie » Flammarion

« La Vie en Rose, Mode d'Emploi » Albin Michel

« La Boss Génération - Succès, Mode d'Emploi » Bordas-Dunod

26, rue Racine 75006 Paris

ISBN : 2-0820-0185-7

le bonheur
un jeu d'enfant

DOMINIQUE GLOCHEUX

Le bonheur, un jeu d'enfant

Des idées bonheur pour retrouver votre cœur d'enfant

Flammarion

A Victoire, huit livres d'amour, le poids exact du Bonheur ...

À Zac Taïeb, merveilleuse promesse de Bonheur ...

Merci à Françoise & Alexandra,
Calypso, Gaëlle, Jocelyne, Marine, Mylène, Sophie & Rolf,
à Muriel & Alain Bosetti,
à Brigitte, Véronique, Hubert, Serge,
à Anne & Christian Foch,
à Laurence & Laurent Taieb,
à Frédérique & Nicolas Bastien,
à Valéry Guyot-Sionnest.

Thanks to Fionna, Island, Jennifer, Laura, Liam, Lily Rose,
Margaux, Nikita , Shauna & Tïuraï, for all your love ...

«Il y a quatre voies. Mais c'est la cinquième qu'il faut suivre»
Nietzsche

«Les enfants seuls savent ce qu'ils cherchent»
Saint-Exupéry

1

Souriez.

2

Retrouvez ceux qui ont gardé
votre cœur d'enfant.
Et laissez le charme agir.

3

Trouvez 3 caprices

que vous aimeriez faire …

… si vous saviez d'avance
que vous êtes **totalement pardonné**
et que personne ne jugera vos faits et gestes …

4

… donnez-vous trois mois pour réaliser
chacun de vos caprices.

5

Baissez votre garde.

6

Réparez les jouets cassés,
cherchez les ballons perdus chez le voisin :
soyez un **magicien** pour les enfants.

7

N'acceptez que le meilleur.

Vous l'obtiendrez plus souvent.
En plus, il n'existe rien de mieux
qu'obtenir le meilleur ...

8

... contentez-vous du meilleur.

9

Accroupissez-vous

quand vous parlez à un petit enfant.

10

Prenez un moment vos désirs pour des réalités.

Même si vos désirs font désordre.

Du désir à la réalité,
le chemin est plus court
une fois qu'il a été tracé.

11

Renversez-vous.

Faites le cochon pendu,
les pieds au mur,
marchez sur les mains.
Regardez la vie à l'envers.

C'est renversant.

12

Les meilleures choses ont un commencement.

Commencez par vous sentir heureux.

Les bonnes raisons suivront.

13

Ne ratez pas une occasion de construire
un château de sable avec des enfants. Ou une cabane.

14

Cherchez des solutions.

Des possibilités.

Pas des problèmes.

15

Retournez par la pensée dans la maison de votre enfance.

Décrivez-la de l'extérieur ...

17

... visitez chaque pièce,
regardez par les fenêtres,
ouvrez toutes les portes ...

16

... retrouvez vos 3 souvenirs
les plus émouvants
attachés à cette maison.
Revivez-les en détail ...

18

... attardez-vous dans votre chambre d'enfant, décrivez-la en utilisant vos cinq sens : qu'entendez-vous, sentez-vous, voyez-vous, etc.

19

... retrouvez vos sensations de sécurité, d'abandon, de protection quand vous y dormiez si profondément. Fixez cette image de douceur et de sérénité ...

20

... notez précieusement tout ce que vous venez de retrouver.

Relisez souvent.

21

Dans le bruit, bouchez vos oreilles en cadence.
Écoutez les bruits déformés. Et changez de planète.

22

Trouvez 3 habitudes que vous avez prises
mais qui ne vous plaisent pas.
Donnez-vous **21 jours** pour vous en débarrasser.
Définitivement.
Tenez bon : le 22e jour, vous aurez gagné.

23

Apprenez à voler comme un oiseau :
fermez les yeux, respirez un grand coup,
pensez comme un oiseau,
vous êtes un oiseau, volez.

24

Chaque matin au réveil,
buvez un verre d'eau minérale.
Et vers onze heures, le double.

25

Apprenez à lire l'heure à un enfant.

26

Au moins une fois dans votre vie, prenez des cours d'encadrement. Découvrez la magie du passe-partout.

27

Retrouvez
les huit premiers **gros mots**
que vous avez appris.

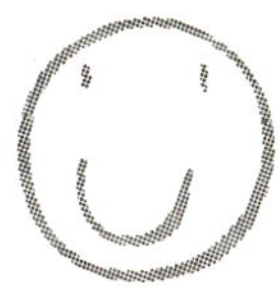

Et cessez de
mettre vos doigts
dans le nez …

28

Ne cherchez pas
plus grand,
plus beau,
meilleur.

Le bonheur n'est pas
d'obtenir ce que vous voulez,
mais de vouloir ce que vous avez *déjà*.
Et que vous oubliez de savourer.

29

Prenez une minute pour revivre cette scène gravée dans votre mémoire :

vous avez entre 8 et 12 ans, vous recevez un gros cadeau

de Noël ou d'anniversaire.

Retrouvez les trois détails les plus émouvants.

Fixez cette image de surprise et de félicité.

30

Chaque année, faites un vœu en soufflant sur le premier pissenlit monté en graines que vous apercevez.

31

Replongez-vous
dans les revues,
bandes dessinées
et livres de votre enfance.

32

Avant de vous endormir,
souvenez-vous d'un beau rêve en couleurs.
Pour essayer de rêver à la suite.

33

Donnez l'occasion aux enfants de vous donner un coup de main.

34

Examinez en détail ce que vous faites heure par heure
dans une journée habituelle.

Puis demandez-vous si vous faites alors
ce que vous voulez vraiment ...

35

... si ce n'est pas le cas, donnez-vous 12 mois
pour trouver les bonnes solutions
et changer cette situation.

36

Partez à la recherche d'un copain d'enfance ou
un camarade de classe.

37,2°

Buvez vos fruits et légumes.
Offrez-vous un blender pour les transformer en jus.
Idéal pour faire le plein en vitamines et minéraux ...

38

... découvrez des saveurs nouvelles
en inventant des mariages et des mélanges surprenants.

39

Apprenez à faire une galipette sans mettre les deux mains.

40

Trouvez une association ou une activité de groupe,

dans laquelle

vous aurez envie de vous investir

au moins une fois par mois.

Elle existe.

41

Ne ratez pas une occasion de faire un guili-guili «surprise».

Pas une. Action.

Listez vos idées-bonheur favorites et enregistrez-les sur cassette.

Allongez-vous, yeux fermés.

Écoutez le son de votre voix.

Laissez-vous transporter
par ces extraits de concentré
d'idées-bonheur.
Laissez votre esprit en prendre
lentement possession,
et faire corps avec elles.

43

Imitez un enfant.

Répétez tout ce qu'il dit,
avec la même intonation
et les mêmes mimiques.
Voire les mêmes tics et
positions du corps.

Jusqu'à ce qu'il éclate de rire.

44

Offrez-vous des pantoufles
et une robe de chambre confortables.

45

Apprenez à lire une carte routière à un enfant.

46

Mangez fruits et légumes **en fonction des saisons.**

Redécouvrez des saveurs oubliées

après des mois d'absence ...

47

... essayez de respecter les cycles de la nature,

de ne pas mélanger vos repères naturels.

À tout mélanger, une partie de vous-même finit par se dissoudre dans le mélange.

48

Rappelez-vous la fois la plus émouvante où vous êtes allé au tableau, où vous avez réussi une "interro" difficile.

Retrouvez l'odeur de la salle de classe.

La voix du professeur. Les affiches sur les murs.

Faites l'inventaire de votre cartable.

49

Méditez ce proverbe arabe :

"Les yeux ne servent à rien quand la cervelle est aveugle".

50

Jouez avec un enfant à vous regarder nez contre nez,
fermer les yeux puis les rouvrir tout d'un coup.
Le premier qui rit a perdu. 

51

Ne vous trompez pas d'objectif :
la personne **la plus riche**
est celle qui est
la plus heureuse avec ce qu'elle a.

52

Racontez à un enfant une aventure
dont il sera le **héros**,
juste avant qu'il s'endorme. C'est trop bon.

53

Parfumez-vous
chaque matin
avant de commencer
votre journée.
Essayez le parfum
du bonheur :
«*Happy*»*

* Clinique

54

Par-ci, par-là, pour avancer,
choisissez de **marcher à reculons**
Tout est si différent vu dans le sens inverse.

55

Trouvez le moyen de consacrer
deux fois plus de temps
à votre loisir préféré.

56

Rêvez d'entendre un jour : *«tu te comportes vraiment comme un enfant»* !

57

Chaque fois que vous avez passé
un délicieux moment sur une plage,
ramenez un petit pot de sable et des coquillages.

58

Au moins une fois, courez en saccade, à la façon du cheval de cow-boy quand il trotte. Ramenez les mains bien en avant pour saisir les rênes et préparer votre lasso.

59

Trouvez 3 personnes qui vous inspirent dans la vie.

Cherchez ce qui vous attire en premier ou ce que vous admirez chez elles.

C'est ce que vous cherchez à obtenir aussi chez vous.

Prenez-les pour modèles.

60

Adoptez un «doudou» comme les enfants.

Le plus discret possible.

Gardez cet objet familier à portée de main.

61

Simplifiez tout ce qui passe
entre vos deux oreilles.
Pensez plus simple.
Retrouvez le goût de l'essentiel.

62

Observez les enfants dans une cour de récréation :
apprenez les règles des jeux à la mode aujourd'hui ...

63

... rejouez en douce à votre jeu préféré
quand vous étiez en «récré» ...

64

... invitez vos meilleurs amis à partir
en «récré» avec vous.
Leur enthousiasme vous surprendra.

65

Apprenez à un enfant à se servir d'une boussole.

66

Trouvez 7 raisons
qui font que vous ressentez un profond
sentiment d'harmonie et de sérénité quand
vous êtes en pleine nature.
Chaque détail vous rapprochera de ce bien-être.
Laissez-le prendre racine en vous.

67

Ne ratez pas une occasion de rire. Pas une seule.

Rire est le sport préféré du cœur.

68

Listez ce que vous avez fait. Pas ce qui vous reste à faire.

Vous comprendrez mieux ce que vous êtes en train de faire réellement de votre vie ...

69

... souvenez-vous que vous faites de votre vie, ce que vous faites de chacune de vos journées. Remplissez-la de bonnes choses. À ras bord.

70

Apprenez à un enfant
à observer la vie des fourmis avec une **loupe**.

71

Prenez vos prochaines vacances dans un endroit
où les gens sont particulièrement nonchalants,
où la vie s'écoule dans une douce lenteur.
Calquez votre rythme sur ce tempo.

72

En douce, achetez-vous trois jouets rigolos.
Trouvez une cachette secrète. Fermez bien à clef.
Être jeune, c'est pour la vie.

73

Au petit déjeuner, demandez à votre entourage
de vous raconter leurs rêves de la nuit.
Partagez les vôtres. Savoureux.

74

Retrouvez vos trois activités préférées après l'école
quand vous aviez entre 8 et 12 ans.
Remontez les chemins de votre mémoire :

refaites aujourd'hui ce que vous adoriez faire hier.

75

Ne ratez pas une occasion
de prendre un bain de minuit.

76

Sucez votre pouce. L'autre.

Trouvez lequel est le meilleur.

77

Affichez constamment votre détermination à
être heureux ici et maintenant.
Vous donnerez ainsi toutes les chances au bonheur
de venir vous attraper.

78

Essayez un jeu «spécial enfants turbulents» :
le gagnant sera celui qui gardera les yeux fermés
le plus longtemps possible.

79

Chaque printemps, ramenez à la maison
un bouquet de jonquilles
et une petite branche de merisier en fleurs.

80

Si vous avez une tenue préférée, portez-la plus souvent.

81

Cherchez la sérénité financière. Pas la sécurité.
Car, à bien réfléchir, même les plus riches
n'atteignent jamais la sécurité financière.
La sécurité financière est un malentendu, une illusion.

82

Trouvez 3 choses que vous n'avez pas terminées
ou qui vous ont manquées, pendant votre enfance.
Action.

Il n'est jamais trop tard pour avoir eu une jeunesse heureuse.

83

Votre stress prend racine dans votre tête,
pas dans le fait d'être surchargé de problèmes.
Désherbez.

84

Changez de braquet.

La vie est comme un vélo à 12 vitesses
où peu de gens utilisent toutes les vitesses.

Changez de vitesse.

85

Couchez sur papier une pensée
dont vous souhaiteriez vous débarrassez.
Pliez le papier en quatre, puis en huit. Faites un vœu.
Puis déchirez soigneusement.
Dispersez à tout vent ou brûlez les morceaux obtenus.

86

Listez 10 choses très agréables que vous pourriez
vous accorder, vous octroyer, vous offrir, etc.
si vous aviez une très bonne raison de vous récompenser ...

87

... choisissez la plus facile et faites-vous plaisir.
Vous trouverez une raison plus tard ...

88

... renouvelez régulièrement l'ordonnance.
En cas de crise, dépassez la dose prescrite.

89

Trouvez le moyen d'assister
à la naissance d'un poulain.
Faites-vous accompagner d'un enfant.

90

Ne ratez pas une occasion de dire
« je suis biiiennnn ...».
En expirant, les mains sur le torse,
c'est encore meilleur.

91

Faites un moulage en plâtre des mains de bébé.
Recommencez à chaque anniversaire.

92

Assistez à une vente aux enchères traditionnelle.
S'il y a un lot à 10 F dans une caisse «mystère», achetez.

93

Efforcez-vous 24 heures de fonctionner comme un enfant :

«marche/arrêt», puissance maxi, pas de ralenti.

94

Achetez 3 épices nouvelles pour votre cuisine.
Trouvez des recettes pour les utiliser.
Découvrez vite ces nouvelles saveurs.
Changer d'épices, ça change la vie.

95

Demandez à trois enfants ce qu'ils feront
quand ils seront plus grands ...

96

... cherchez à savoir pourquoi certaines réponses
vous indiffèrent, d'autres vous irritent ou vous font rêver.

97

N'oubliez jamais votre anniversaire.

98

Chaque 1er dimanche du mois,
instituez un rangement «en grand».
Classez, organisez, simplifiez tout ce que vous pouvez.
D'un coup de baguette magique,
la vie prend comme un air de ... vacances.

99

Chaque 3e dimanche instituez
un ménage «par le vide».
Donnez, recyclez, éliminez tout ce que vous pouvez.
D'un coup de baguette magique,
la vie est plus facile, plus légère.

100 POINTS

Sucez votre noyau de cerise puis crachez-le, le plus loin possible. Organisez un concours de tir sur cibles, puis de tir en longueur.

101

Attendez-vous à un miracle.

Et regardez-le venir.
Bâtir des images de succès et de réussite déclenche des forces dont on saisit bien rarement la portée exacte.

102

Suivez un chat.
À quatre pattes, vous aussi.

103

Ne cherchez pas à finir rapidement
en pensant déjà à autre chose ...

104

... au contraire : donnez la priorité
à LA priorité du moment.
TOUTES LES AUTRES peuvent attendre.

105

Trouvez trois idées pour vous faire

♡ cajoler, câliner, réconforter,
♡ dorloter, chouchouter,
♡ materner ...

106

... profitez de ces moments privilégiés
pour écouter attentivement l'enfant qui est en vous,
pour découvrir ses besoins les plus profonds ...

107

... trouvez rapidement le moyen de combler
chacune de ces aspirations profondes, essentielles.

108

Apprenez à siffler
avec un brin d'herbe coincé entre vos deux pouces.

109

Ne cherchez pas à convaincre à tout coup.
Ne gaspillez pas à chaque fois votre énergie à expliquer,
raisonner, justifier, etc.
Utilisez la technique du **«disque rayé»** :
répétez fermement «non», sans donner d'excuses
et en utilisant des phrases courtes. Ça marche.

110

Trouvez une activité
qui vous aurait fait bondir
hors de votre lit chaque matin,
quand vous aviez entre 8 et 12 ans ...

111

... passez à l'action dès demain matin.
Comme si vous aviez cet âge-là.

112

Achetez vos accessoires indispensables en double
et rangez ces doubles dans un endroit spécial :
plus aucun stress si vous ne trouvez plus le premier.

113

Trouvez 3 indices bien à vous,
montrant que tout ce qui est vivant est interdépendant ...

114

... ne ratez pas une occasion de montrer
que vous aimez la vie ...

115

... ne ratez pas une occasion de protéger la vie :
elle est si fragile.

116

Faites des boucles d'oreilles
avec des cerises doubles.

117

Voyez la vie comme un jeu, comme une bonne farce.
Elle n'est une bagarre ou une mauvaise plaisanterie,
que si vous la voyez comme telle.

118

Demandez à votre famille
ce que vous répondiez à la question
«que veux-tu faire quand tu seras grand(e) ?» ...

119

... cherchez en détail
ce qui se passait dans votre tête à ce moment-là ...

120

... trouvez 3 astuces pour faire coïncider le plus possible
vos rêves d'enfant avec votre vie aujourd'hui.

121

Ne ratez pas une occasion d'aller
vous baigner en rivière.
Mieux : sous une cascade d'eaux-vives.

122

Changez vos habitudes :
demandez 2 fois plus,
2 fois plus souvent,
à 2 fois plus de gens.

Changez vos habitudes :
demandez 2 fois plus,
2 fois plus souvent,
à 2 fois plus de gens.

123

Prenez une minute pour revivre cette scène
gravée dans votre mémoire : vous avez entre 8 et 12 ans,
vous offrez un superbe cadeau de fête des mères.
Retrouvez les trois détails les plus émouvants.
Fixez cette image de bonheur et d'amour maternel.

124

Au moins une fois dans votre vie,
allez applaudir Bartabas et le cirque équestre Zingaro.
Une éclipse magique, hors du temps.

125

Jouez avec un enfant à vous regarder fixement l'un l'autre sans cligner des yeux, et en vous tenant par le menton. Le premier qui rit a perdu.

126

Travaillez près d'une lumière forte.
Surtout en hiver ...

127

... tamisez vos lumières
si vous souhaitez vous mettre en veilleuse.

128

Trouvez 3 activités peu banales
que vous essaieriez volontiers
si personne n'en savait jamais rien ...

129

... essayez-vous en plus à la danse orientale, au trapèze,
au tir à l'arc, au tam-tam, à faire l'acteur ou le clown.

130

Passez un coup de fil à votre mère.

131

Apprenez à viser avec une sarbacane.
Si c'est vous qui la fabriquez
avec du sureau ou un petit tube, c'est encore meilleur.

132

Imaginez une lumière blanche au bout
de vos doigts et orteils, qui vous tire et vous élève
vers le plafond de votre chambre.
Idéal pour faire dodo en un coup de baguette magique.

133

Les enfants adorent savoir qu'ils grandissent.
Aidez-les à transformer ce rêve en réalité :
marquez leurs progrès sur le chambranle d'une porte.

134

Accumulez chaque jour
un minimum de fatigue physique.

135

Gardez-vous de sur-analyser les problèmes.

À trop les regarder,

certains peuvent vous hypnotiser

et vous retenir prisonnier.

136

Trouvez 36 idées pour vous faire

masser et sucer les orteils. C'est trop bon.

137

Ne ratez pas une occasion d'assister aux fêtes de fin d'année dans une école.

138

Visitez le musée vivant du cheval à Chantilly.

Emportez des croûtons de pain.

139

Encadrez
les plus beaux dessins d'enfants que vous avez reçus.

140

Ne dites pas "OUI" si vous voulez dire "NON".

141

Écrivez une lettre-surprise à votre maman.

Commencez par votre meilleur souvenir ensemble.

142

Trouvez 3 choses qui vous exaspèrent
et ne méritent pas l'énergie que vous leur consacrez.
Trouvez une parade à chacune d'elles ...

143

... ayez un petit livre toujours en poche :
idéal pour patienter jusqu'à l'arrivée du bus,
attendre votre tour dans une file, etc.

144

Qu'attendez-vous pour être totalement heureux ?
Trouvez 3 indices du style
«je serai heureux quand ...».

145

Ne remettez pas votre bonheur à demain.
Demain, c'est jamais.

146

Retournez des années en arrière et rappelez-vous :
il est 16h30,
votre maman a préparé un délicieux goûter.
Laissez la plénitude de ce moment béni
revenir lentement en vous. Prenez tout votre temps ...

147

... fixez cette image de bonheur parfait.
Puis emportez avec vous ces merveilleuses sensations.
Le plus longtemps possible.

148

Organisez une sortie aux puces ou chez des antiquaires, avec vos meilleurs amis.

149

Jusqu'à 7 ans,

on ne juge pas un enfant, on lui pardonne tout.
Alors efforcez-vous 24 heures d'être aussi naïf,
insouciant et spontané qu'un enfant de moins de 7 ans.

150

Ne passez jamais à côté de l'occasion de faire un somme.

Chaque chose en son temps.
Surtout quand il s'agit de ne rien faire.

151

Ne ratez pas une occasion d'apprendre
à faire du vélo à un enfant.

152

Trouvez de l'**humour** dans votre vie.
Le plus souvent possible. Avec de l'entraînement,
vous en trouverez partout.
Même dans les situations qui s'y prêtent le moins.

153

Jouez à la bagarre avec un enfant.

154

N'attendez pas que le bonheur provienne
de circonstances extérieures
ou de phénomènes que vous ne contrôlez pas.
Vous pourriez attendre toute votre vie. C'est long.
Surtout quand on ne vit qu'une seule fois.

155

Accroupissez-vous.
Regardez la vie un cran en-dessous.
À la hauteur d'un enfant.

156

Chaque 21 juin, fêtez l'arrivée de l'été
avec un rituel bien à vous.
Par exemple en dormant à la belle
étoile, dans une cabane, dans un arbre,
ou sous une tente.
Avec des enfants, c'est encore meilleur.

157

Marchez uniquement sur la bordure du caniveau.
Comme sur un fil tendu le long de la rue.

158

Lancez-vous.
Il n'est jamais trop tard.

Il ne sera trop tard que ...

si vous ne vous y mettez pas
tout de suite.

159

Regardez la vie avec les yeux d'un enfant émerveillé
qui découvre le monde pour la première fois.
Des yeux tout neufs, grands ouverts,
persuadés que tout est possible.

160

Ne cherchez pas plus haut,
plus loin,
ailleurs.
Le bonheur qui n'est pas ici,
est nulle part.

161

Demandez à un enfant ce qu'il ferait
s'il avait une baguette magique.

162

Dépêchez-vous.
Dépêchez-vous de vous arrêter.
Pour déguster chaque tranche de votre vie.
Bien des gens ne rencontrent jamais le bonheur,
non pas parce qu'ils ne l'ont pas trouvé,
mais parce qu'ils ne se sont pas arrêtés pour le savourer.
Dépêchez-vous de vous arrêter.

164

Devenez ce que vous êtes. Il n'est jamais trop tard

pour être ce que vous auriez pu être.

Laissez-vous guider par l'enfant qui est en vous.

Laissez le bonheur devenir un jeu d'enfant.

Vous avez envie d'ajouter vos idées-bonheur personnelles ?
Couchez-les vite sur le papier pour les garder intactes :
les pages suivantes vous attendent ...

Vous souhaitez en faire également profiter les autres ?
N'hésitez pas à m'écrire :

Dominique Glocheux
«Les Idées-Bonheur»
50 avenue Foch - 75116 Paris.

Mes idées bonheur pour retrouver
mon cœur d'enfant :

Mes idées bonheur pour retrouver
mon cœur d'enfant :

Impression réalisée sur CAMERON
par Brodard & Taupin
La Flèche
en novembre 1999
N° d'édition : FT0185
N° d'impression : 1008X
Dépôt légal : novembre 1999